COLLECTION

DU

Vicomte G. Chabert

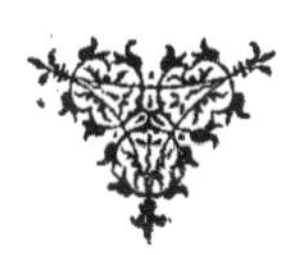

TABLEAUX ANCIENS

PAR

NICOLAS DE LARGILLIERRE

HUBERT ROBERT & Mme VALLAYER-COSTER

CONDITIONS DE LA VENTE

Elle sera faite au comptant.

Les adjudicataires paieront *dix pour cent* en sus des enchères.

Paris. — Imp. Georges Petit, 12, rue Godot-de-Mauroi. — 19797-09.

CATALOGUE

DE

Six OEuvres célèbres

PAR

NICOLAS DE LARGILLIERRE

ET DE

TABLEAUX IMPORTANTS

PAR

HUBERT ROBERT & Mme VALLAYER-COSTER

PROVENANT DE LA

Collection de M. le Vicomte G. CHABERT

ET DONT LA VENTE AURA LIEU A PARIS

GALERIES GEORGES PETIT

8, RUE DE SÈZE, 8

Le Samedi 5 Juin 1909, à 3 heures 1/2

Me HENRI BAUDOIN	M. GEORGES SORTAIS
COMMISSAIRE-PRISEUR	PEINTRE-EXPERT
Successeur de Me PAUL CHEVALLIER	PRÈS LE TRIBUNAL CIVIL
10, rue Grange-Batelière, 10	11, rue Scribe, 11

EXPOSITIONS

PARTICULIÈRE : *Le Jeudi 3 Juin 1909, de 1 heure 1/2 à 6 heures.*
PUBLIQUE : *Le Vendredi 4 Juin 1909, de 1 heure 1/2 à 6 heures.*

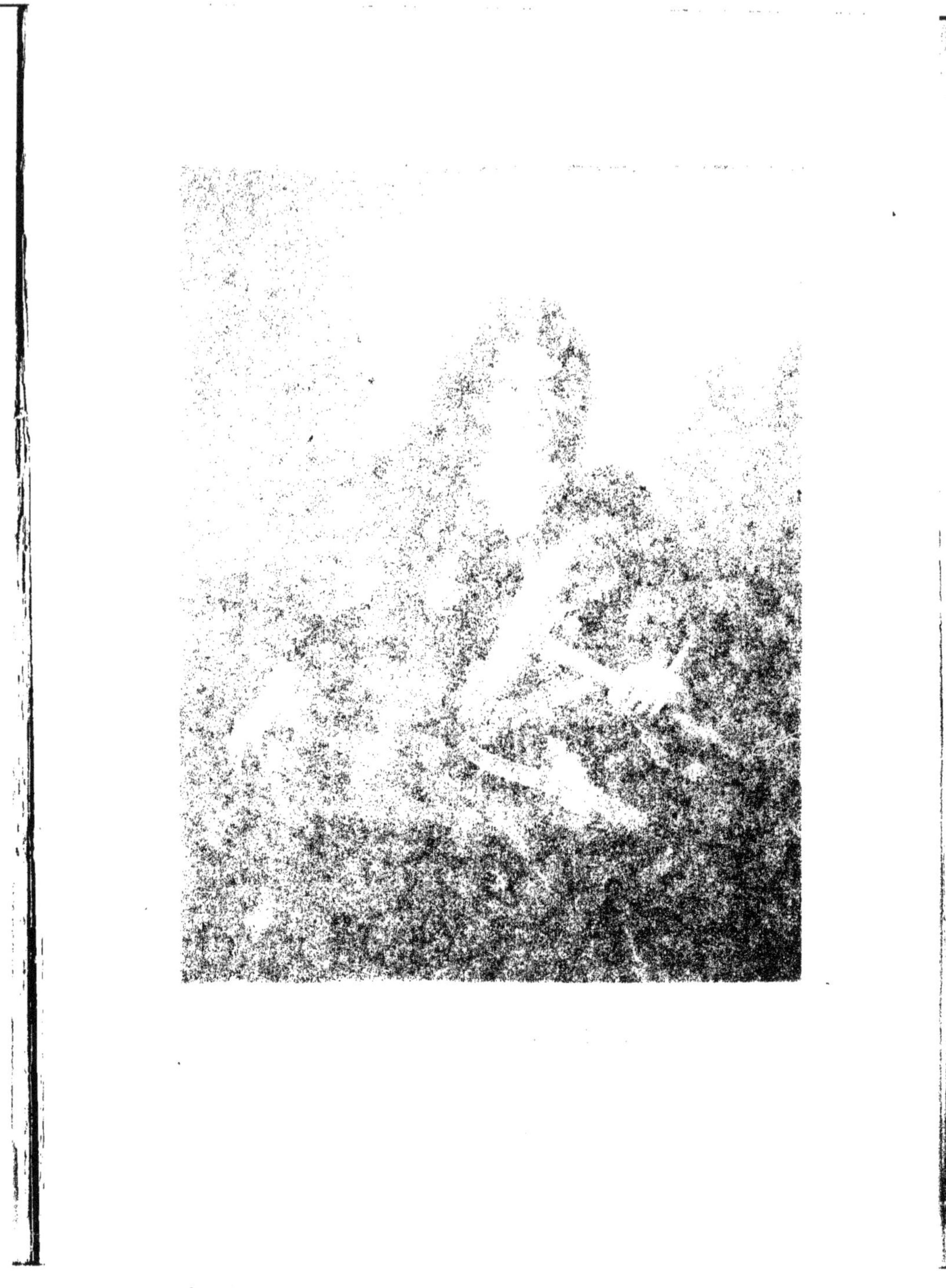

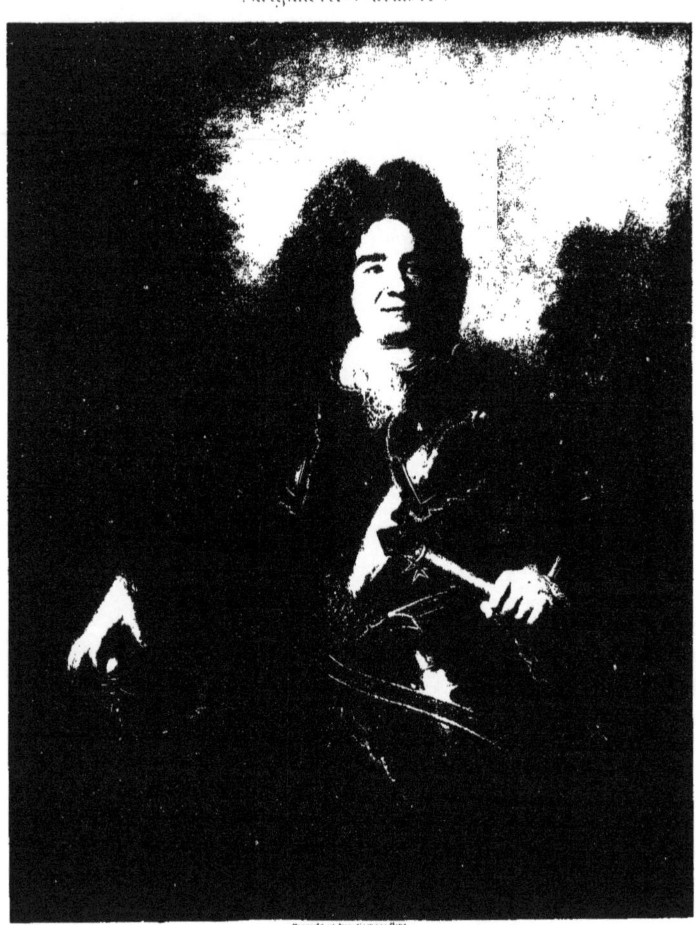

Portrait du Comte de Bérulle

Tableaux Anciens

LARGILLIERRE
(NICOLAS DE)
1656-1746.

1 — *Portrait du Comte de Bérulle, lieutenant général des armées du Roi (mort le 28 mai 1715).*

Il est représenté, debout, jusqu'aux genoux, le corps de trois quarts à gauche, la tête tournée de trois quarts à droite et coiffée de la haute perruque qui encadre son visage énergique et spirituel. Il porte une armure à ornements dorés; sur la cuirasse, et comme descendant de l'épaulière gauche, est suspendue une croix de Saint-Louis. Une cravate de dentelle joue sur le bord de la cuirasse.

De la main gauche, appuyée à la hanche, le personnage tient son bâton de commandement, tandis que la main droite s'appuie sur le casque à panache de grandes plumes noires, posé sur un tertre. Dans l'ombre brille le pommeau de l'épée.

Dans le fond, un envolement de fumée indique qu'on mène la bataille. A droite, un arbre découpe son feuillage sur l'écran du ciel bleu, où passent des nuages blancs.

Peint vers 1690.

Toile. Haut., 1 m. 47 ; larg., 1 m. 17.

Belle et grasse peinture pleine de robustesse.

Très beau et important cadre Louis XIV, en bois sculpté et doré.

Collection de Bérulle.

LARGILLIERRE

(NICOLAS DE)

2 — *Portrait du Baron de Prangins.*

Il est debout, le corps de trois quarts à droite, la tête tournée de face, le visage expressif et spirituel, encadré de la haute perruque dont la poudre s'est éparpillée en neige sur les épaules.

Il est vêtu d'un habit en velours brun, à basques amples et à manches larges, dont les parements sont richement brodés d'arabesques d'or et d'argent. Dans l'écartement du gilet, joue un jabot de dentelles fines, abondantes et souples, colleté d'une cravate rose. Le costume est complété d'un manteau jeté sur le bras gauche relevé, la main gantée et tenant un gant blanc, dessinant un geste d'indication, tandis que la main droite, portée en avant, le bras ployé, appuie, avec autorité, ce que dit le personnage.

Derrière lui, un parc; à droite, un sphinx sur un socle de pierre; à gauche, une balustrade, au-dessus de laquelle se balancent les roses épanouies d'un massif. Au fond, un ciel ennuagé par places.

Toile. Haut., 1 m. 40; larg., 1 m. 10.

Exécution très poussée et d'une maîtrise admirable.

Collection de feu le Comte de Kerjégu.

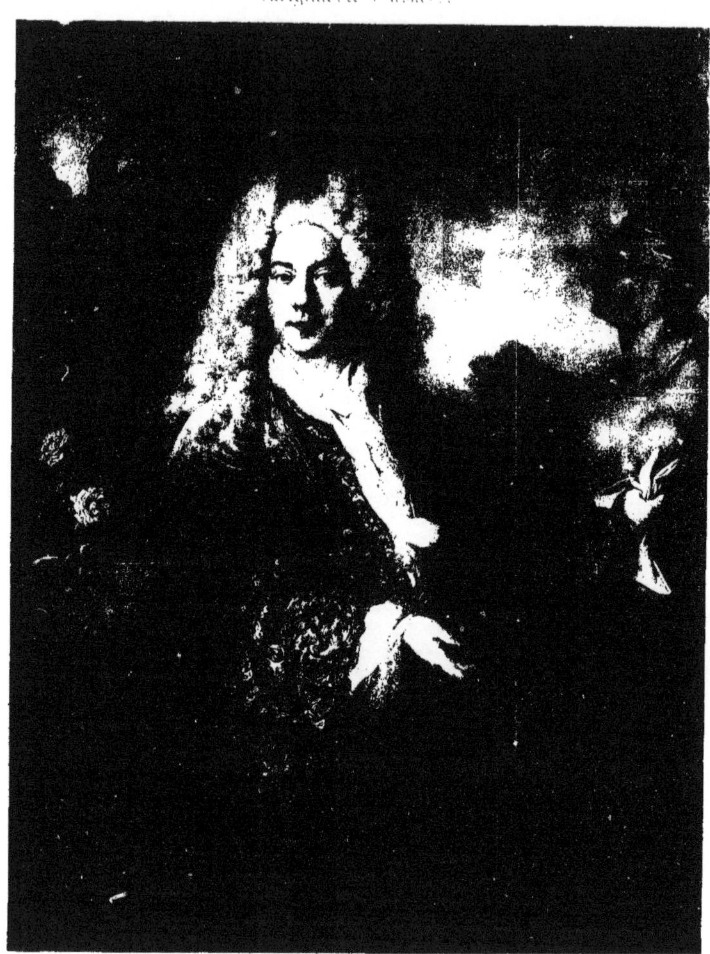

Portrait du Baron de Prangins

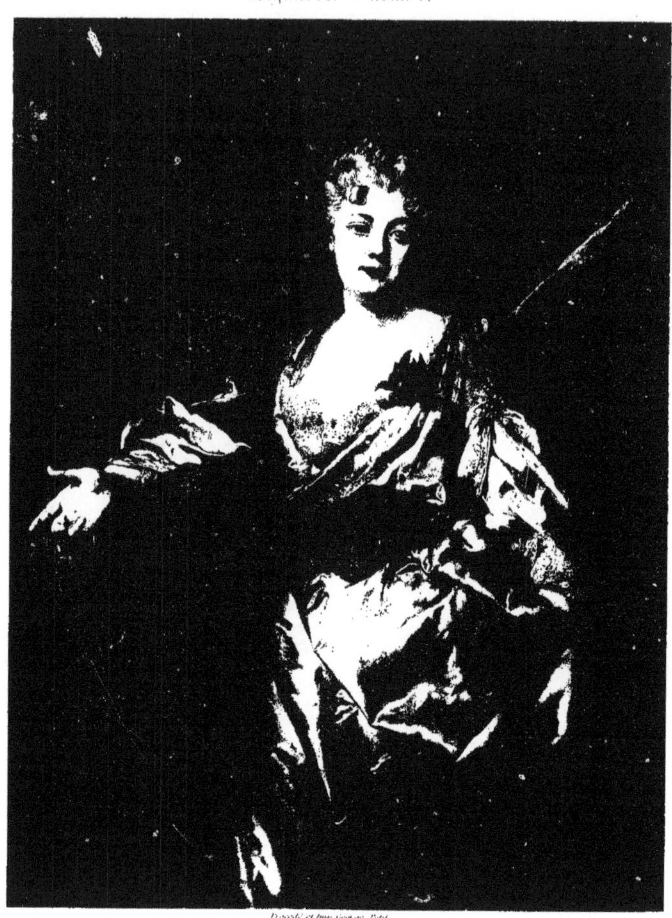

Portrait de la Baronne de Vaugins

LARGILLIERRE

(NICOLAS DE)

3 — *Portrait de la Baronne de Prangins.*

Elle est vue de face vers la gauche, le bras droit
appuyé, la main ouverte reposant sur un entablement
de pierre recouvert d'un grand rideau de velours bleu ;
le bras droit allongé, effleurant la hanche, la Baronne
retient les larges plis de sa robe de satin bleu, ceinte
d'un corselet en velours grenat à broderie d'or, les
manches ornées de riches dentelles ; le haut des manches,
serré à l'épaule, s'ouvre en larges crevés, et laisse aper-
cevoir une double manche en lingeries fines ; un large
œillet est piqué sur le sein gauche ; derrière la figure,
se trouve un entablement de pierre sculpté à bas relief.

Haut., 1 m. 40 ; larg., 1 m. 10.

Cadre en bois sculpté et doré.

A l'époque de la Régence, il courut sur la Baronne de Prangins un
mauvais quatrain, dont s'amusèrent fort les gens de cour ; le voici :

Le Tzar aime les femmes fortes.
Si Prangins ne lui déplaît pas
C'est que ses opulents appas
Ont grand'peine à passer les portes.

Collection de feu le Comte de Kerjégu.

Exposition de Cent Portraits de femmes.

LARGILLIERRE

(NICOLAS DE)

4 — *Portrait présumé du Marquis de Montault.*

Il cause, et peut-être a-t-il plaisir à s'écouter causer. Debout, le corps de trois quarts à droite, il tourne la tête de face, en une attitude élégante. Son visage souriant s'encadre de la perruque basse, poudrée à frimas, et dont les boucles, très soignées, viennent poser sur les épaules. Son cou se dégage de très riches dentelles que fait à peine croiser une cravate de soie rose tendre savamment dénouée. Pour costume, un habit de drap brun à fines broderies d'arabesques d'or, et un grand manteau de velours groseille, ou mieux une draperie dont il s'enveloppe de la plus galante façon et qu'il semble retenir de sa main droite appuyée à la hanche. De la main gauche ouverte et portée en avant, il souligne, les doigts expressifs, les intentions de son discours.

La figure, d'une vie intense, se détache sur un décor de parc : à gauche, entre deux colonnes de pierre, un arbre apparaît clair sous la caresse du soleil ; à droite, sur l'écran d'un ciel bleu, on voit se balancer les frondaisons d'autres arbres agités par le vent.

Haut., 1 m. 40 ; larg., 1 m. 10.

Peinture aux colorations limpides et riches, d'une composition largement inspirée.

Cadre en bois sculpté et doré.

Collection Eugène Fromentin.

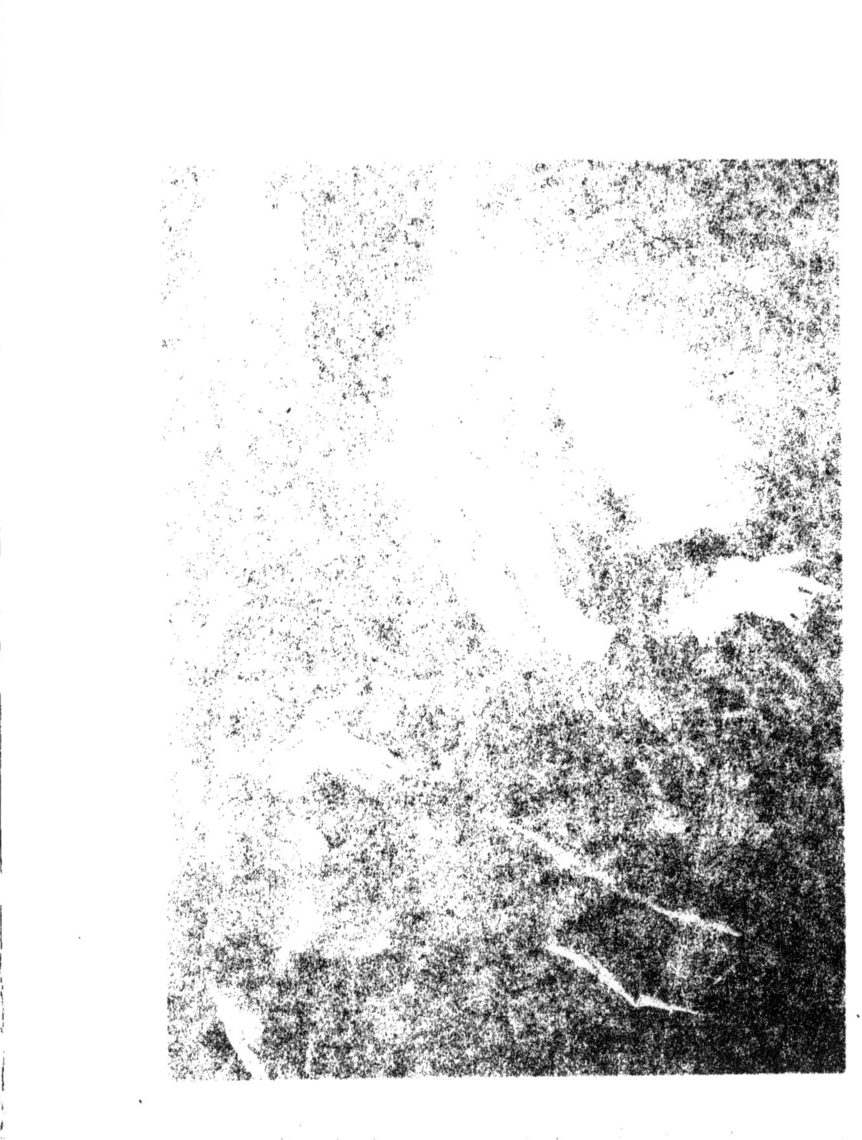

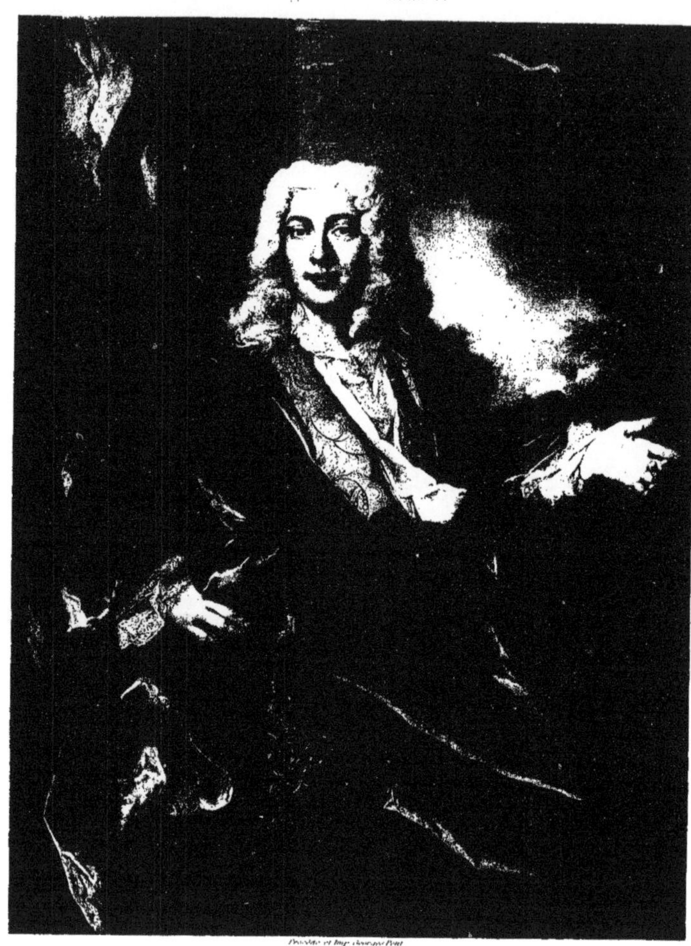

Portrait présumé du Marquis de Menhault

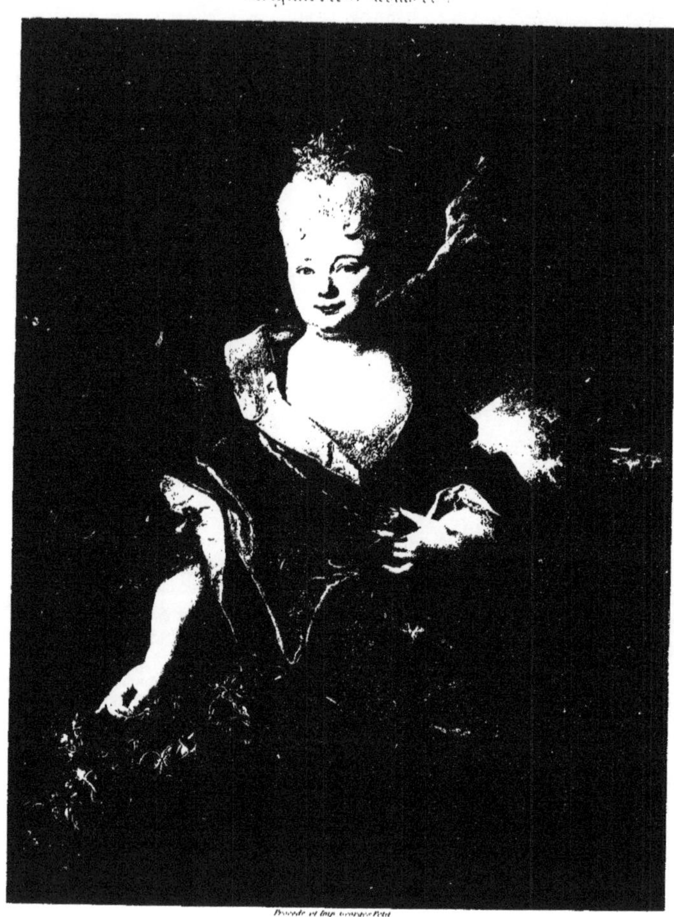

Marie-Anne de Châteauneuf, dite la Duclos

LARGILLIERRE
(NICOLAS DE)

5 — *Portrait présumé de Marie-Anne de Châteauneuf, dite la Duclos.*

Elle marche; elle a le rayonnement d'un beau jour d'été; elle s'avance vers la droite, mais son visage apparaît de face. Sa coiffure poudrée est ornée, au sommet, d'un bouquet d'œillets-nains, en forme d'épi. Elle est vêtue d'une robe de soie rouge, décolletée à la déesse. De la main gauche, avec une grâce naturelle, elle retient et relève à la fois les plis d'une draperie de satin jaune à reflets d'or, fixée sur la manche droite par une agrafe composée d'un chaton à gros cabochon de grenat, auquel est suspendue une perle.

Elle marche; le vent soulève derrière elle le tissu de sa draperie jaune. En passant, sa main droite, en un geste qui est presque une caresse, cueille les fleurs d'un pied de capucines, qui débordent d'un vase de pierre; plus loin, à gauche, un massif d'arbres balance ses frondaisons aux harmonies rouges. A droite, en arrière-plan, un entablement de pierre est dominé par un bouquet d'arbres aux colorations vert tendre, tandis qu'à l'horizon des nuages chargés d'orage s'envolent au devant d'un ciel d'azur.

Signé et daté sur l'entablement de pierre : *Peint par N. de Largillierre, 1714.*

Toile. Haut., 1 m. 40; larg., 1 m. 10.

Belle peinture aux colorations chaudes et nacrées.

Magnifique cadre en bois sculpté et doré, de l'époque de la Régence, du style le plus pur.

Collection de feu le Vicomte de Curel.

Marie-Anne de Châteauneuf, dite Duclos, était née en 1670. Elle fut une tragédienne distinguée, encore qu'elle ne sût point se retirer avant 1736, ayant fourni une carrière de quarante-trois années, dont la dernière période fut pénible pour elle et pour le public. A cinquante-cinq ans, elle avait eu la singulière idée d'épouser Duchemin, qui n'en avait que dix-sept. Si maternelle qu'elle se montrât pour son adolescent époux, elle ne put éviter des tempêtes à son foyer, et rapidement elle dut obtenir une séparation de corps et de biens.

3

LARGILLIERRE

(NICOLAS DE)

6 — *La Femme à l'œillet. Portrait présumé de Mme de Parabère.*

A la lisière d'un bois, par un matin clair d'été. La jeune femme, aux yeux espiègles, aux lèvres qui vont sourire, à la grâce qui peut se faire ensorceleuse, s'est assise. Elle est délicieusement coiffée, et sa chevelure poudrée et fleurie laisse échapper des boucles souples qui retombent sur l'épaule droite. Pour tempérer l'indiscrétion du corsage décolleté, elle a, sur son sein droit, arrêté un bouquet d'œillets et abrité le sein gauche d'une guirlande de fleurs qui se perd derrière elle, reparaît à la saignée du bras droit et vient, en passant devant elle, se terminer dans sa main gauche.

Elle est vêtue d'un costume de soie jaune « à la déesse », qu'une agrafe de pierreries égaie, à la hauteur de la taille, tandis que le corps s'enveloppe, sans étreinte, d'une écharpe flottante de soie rose à liseré d'argent. Elle lève la main droite, le bras ployé, et semble montrer deux superbes œillets blancs, dont elle tient la tige entre le pouce et l'index.

La figure délicieuse se détache sur un fond de ciel lumineux.

Long., 90 cent.; larg., 1 m. 05.

Chef-d'œuvre de composition, de dessin et de couleur ; page maîtresse d'un charme irrésistible.

Ce portrait est encadré dans une magnifique boiserie, composée d'amours et de rinceaux en bois sculpté et doré, de l'époque de la Régence.

Marie-Madeleine de la Vieuville, née en 1693, épousa en 1711 César de Baudéan, Comte de Parabère, qui mourut peu de temps après. Avant son mariage, elle avait été dame d'atours de la Duchesse de Bourgogne, ce qui lui avait permis d'étudier la Cour pour une utile exploitation de sa grâce : elle

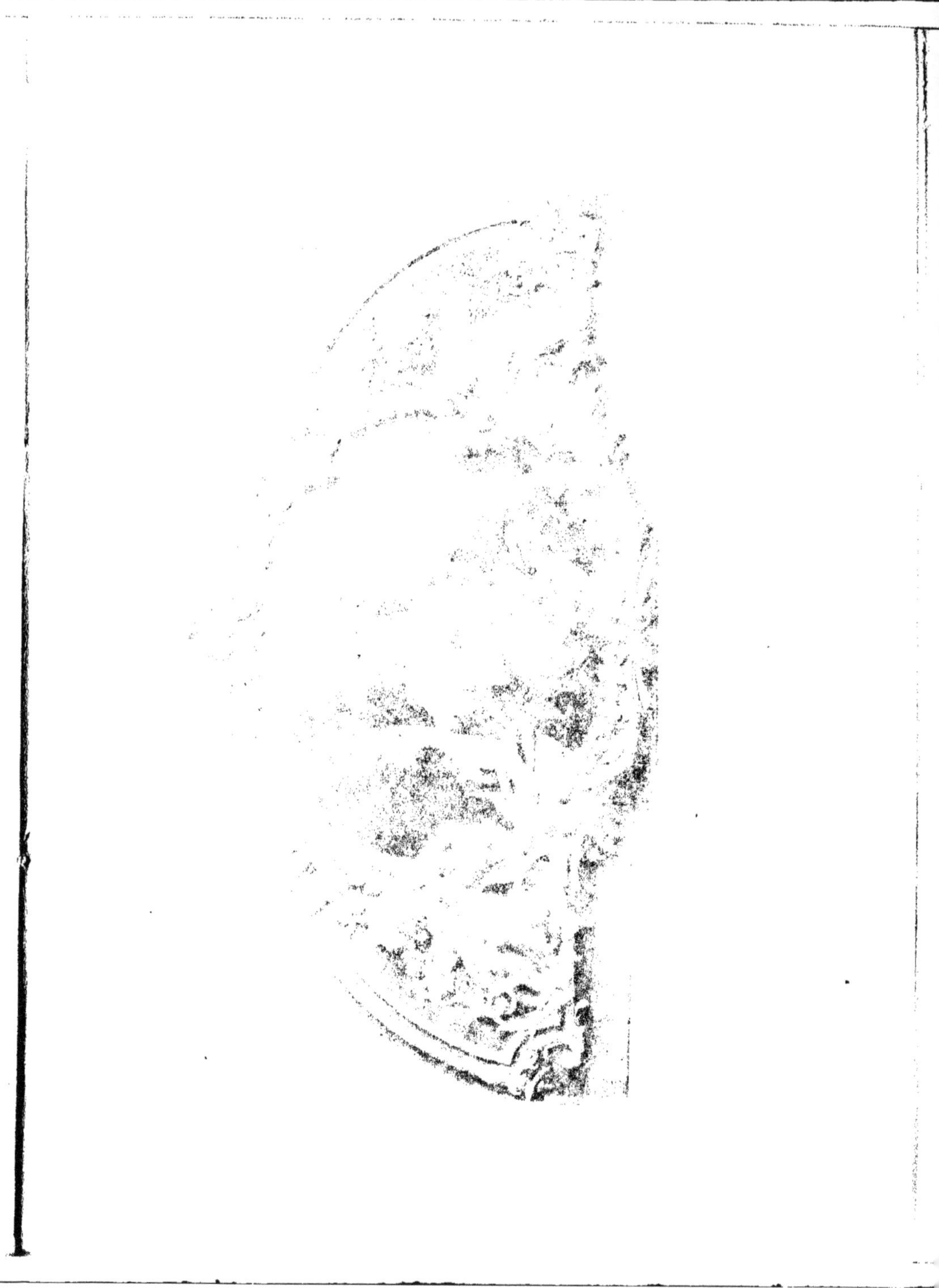

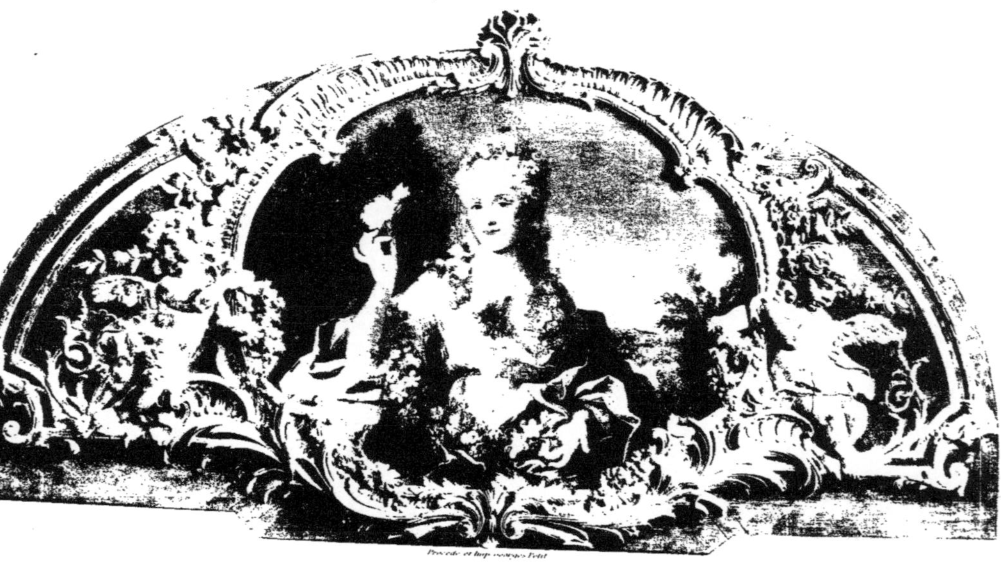

La Femme à l'œillet

fut rapidement la maîtresse du Régent. Mais celui-ci, fatigué du caractère insupportable de cette femme autoritaire et quelque peu grisée de sa bonne fortune, la congédia et donna sa place, en 1721, à une dame d'Averne, fille de M. de Brégis, conseiller au Parlement, et femme d'un lieutenant aux Gardes. Cette d'Averne n'en était pas à son premier pas dans la galanterie : elle avait précédemment fourni d'aimables passe-temps au jeune Marquis d'Alincourt, deuxième fils du Duc de Villeroi.

Quant à Mme de Parabère, d'Argenson nous raconte qu'en 1739, le successeur du Régent auprès d'elle, le Duc d'Antin, mettait son caractère à une rude épreuve : « Elle apprend, dit-il, à jouer du basson, pour lui plaire. »

Collection de feu le Vicomte de Curel.

Exposition de Cent Portraits de femmes.

ROBERT

(HUBERT)

1733-1808.

7 — *Vue du pont des Sphinx.*

Dès les premiers plans, le pont arrondit son arche
souple et profonde, dans laquelle, de chaque côté, est
ménagé un passage. On y accède par de larges escaliers
à rampes de fer, au bas desquels, sur des socles rectan-
gulaires, des lions, stylisés en sphinx, sont couchés.
Une ample traînée de soleil dore la partie droite de la
voûte. Des ménagères sont occupées de-ci, de-là, à laver
leur linge dans la rivière ou à l'étendre sur des cordes.

Entre les deux rives, une planche a été jetée comme
passerelle à l'endroit où la rivière se resserre, et un
chien achève de la traverser. A gauche, une lueur de
brasier met sa clarté fauve dans le coin sombre.

Au fond, de l'autre côté du pont, on aperçoit, dans
une ambiance blonde, un paysage fait de roches qui
surplombent la rivière, de massifs d'arbres qui ver-
dissent sur son bord, et d'un autre pont, aux deux
arches très élancées, qui mène à un château, dont les
deux corps de constructions sont flanqués de tourelles.
Le ciel est délicieusement bleu.

Toile. Haut., 95 cent.; larg., 1 m. 63.

Ce tableau a été gravé par P.-A. Martini.
Signé et daté à gauche, sur le fond d'un baril.

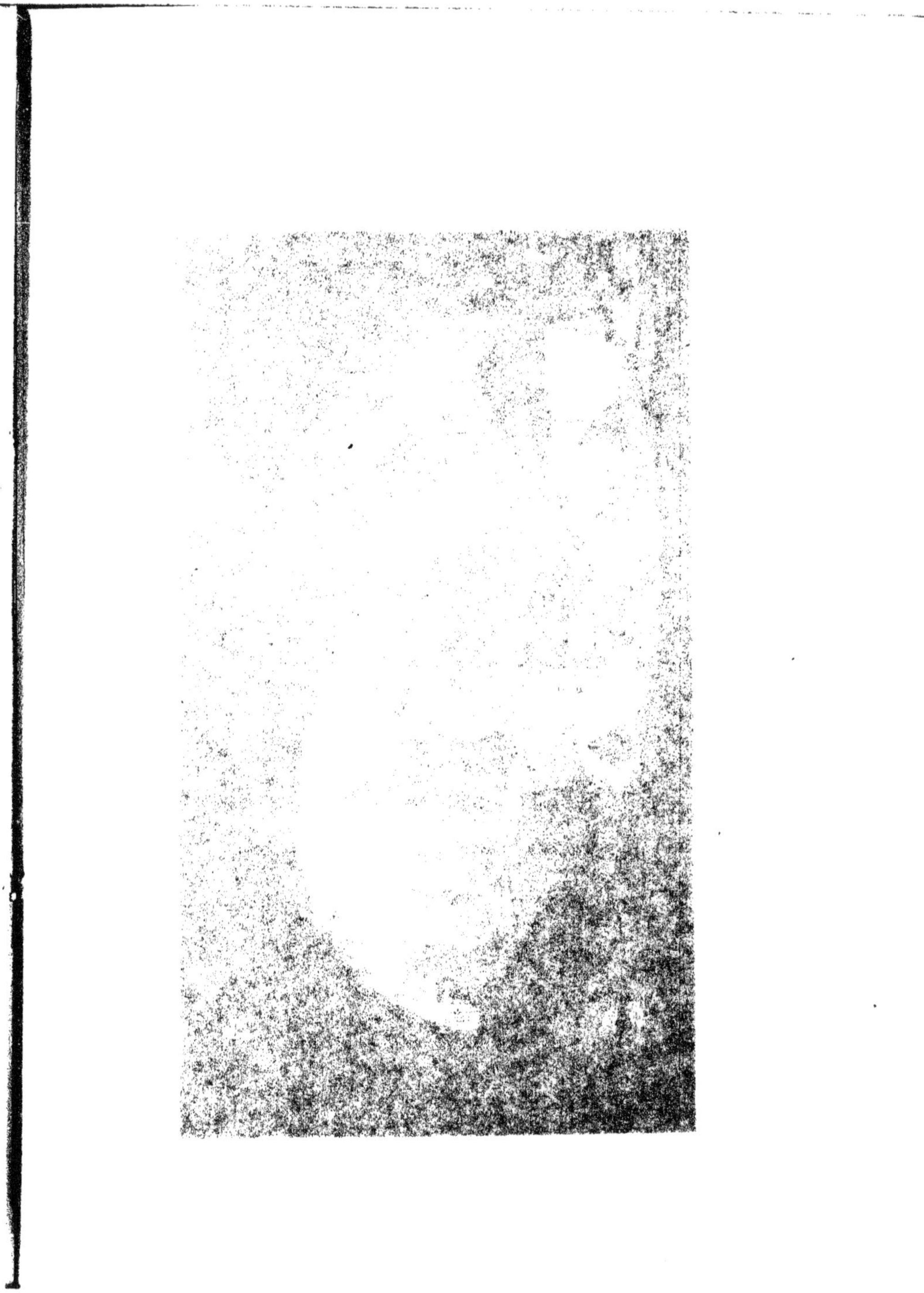

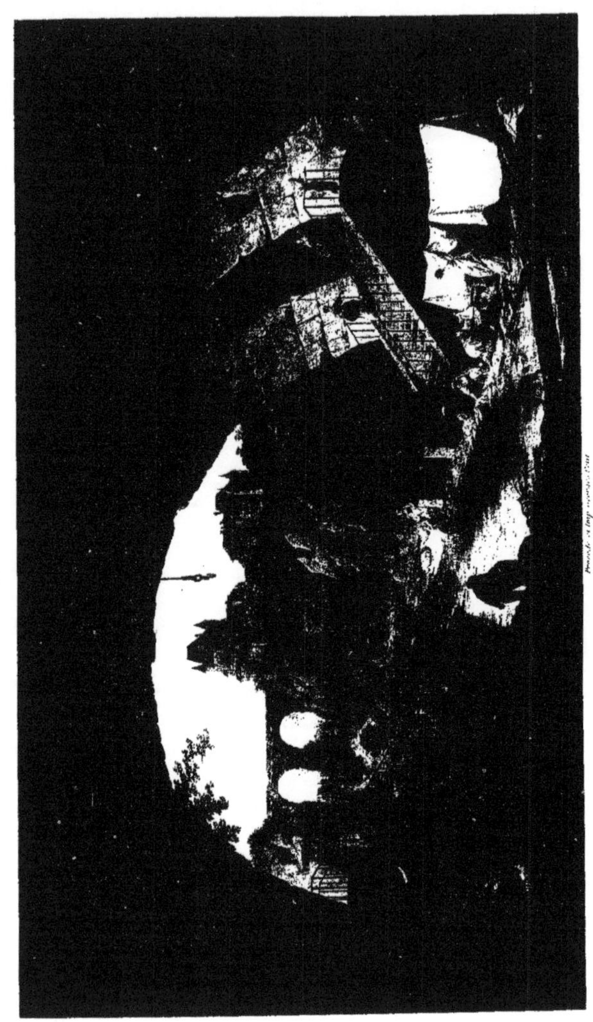

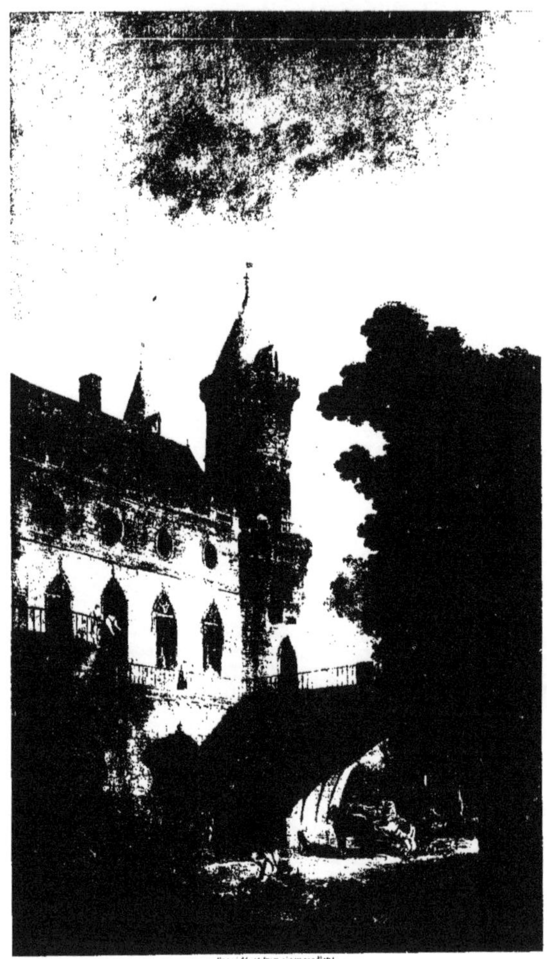

1. Château de Maintenon

ROBERT

(HUBERT)

PENDANT DU SUIVANT

8 — *Le Château de Maintenon.*

C'est une évocation de la vie de château, autrefois.

Le château, flanqué de sa tour construite sous
Louis XII, s'élève à gauche et reçoit sur sa muraille,
percée de fenêtres au décor élégant, une lumière blanche,
heureusement tamisée. A droite, un pont, à la hauteur
du deuxième étage, conduit au balcon, à rampe de fer,
du château. De l'autre côté du pont, un massif de grands
arbres dresse sous le ciel clair ses frondaisons estivales.

Sur le pavé de la cour, sur le seuil du château et sur
le balcon, divers personnages en costumes du temps de
la Renaissance, portent leur attention sur un jeune gen-
tilhomme qui va s'éloigner, et dont les chevaux piaffent
d'impatience sous les voûtes du pont.

Le tableau est signé en haut, sur le garde-fou de la
tour.

Toile. Haut., 2 m. 48; larg., 1 m. 45.

ROBERT

(HUBERT)

PENDANT DU PRÉCÉDENT

9 — *Le Château de Maintenon : la Chapelle.*

C'est un autre aspect du château : à gauche, le parc
aux grands arbres qui dressent vers le ciel clair les bou-
quets épanouis de leurs frondaisons estivales. A droite,
la chapelle, dont la construction caractéristique offre au
regard l'élégante harmonie de ses lignes.

Toile. Haut., 2 m. 48; larg., 1 m. 45.

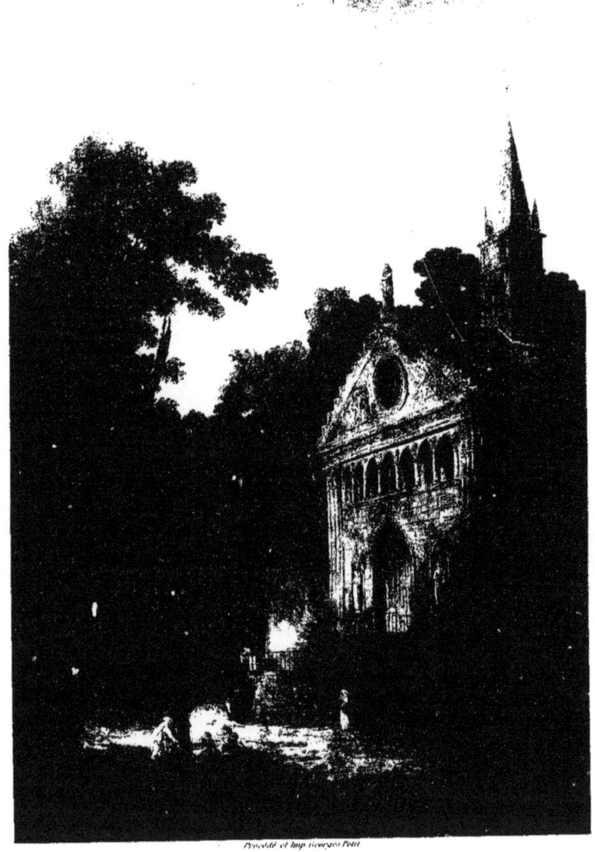

Hubert Robert

Parc du château de Maintenon

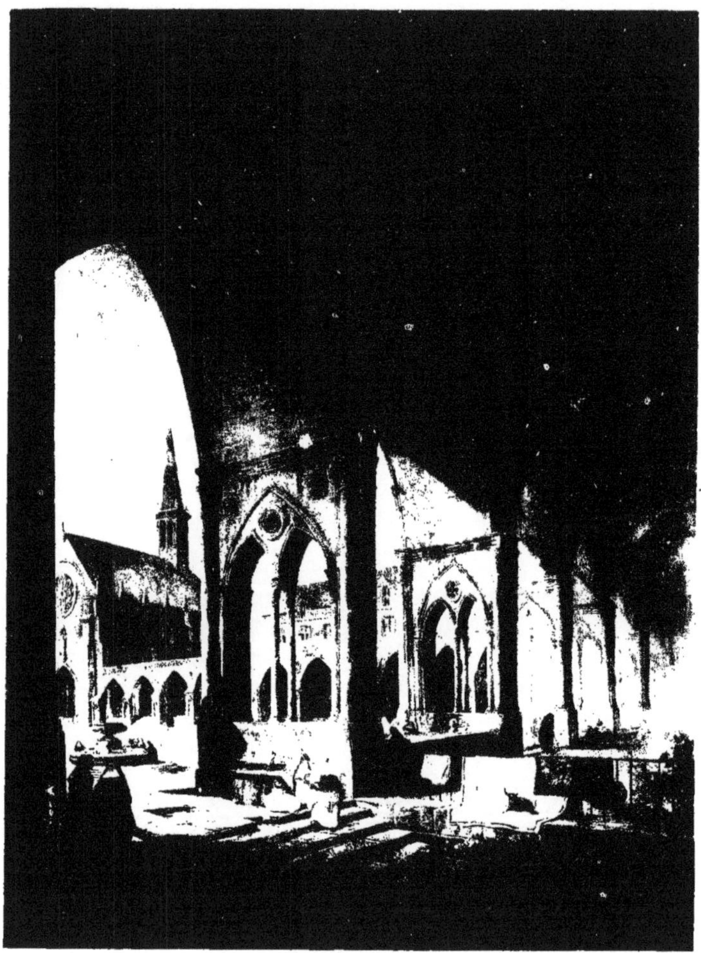

Le Cloître

ROBERT

(HUBERT)

10 — *Le Cloître.*

A droite, le cloître, sur ses piles percées d'arcades, aux fenêtres géminées, élève, en perspective profonde, sa haute voûte, dont les arceaux croisent leurs ogives élancées. Des religieuses y sont occupées à d'humbles besognes de lessive.

Au premier plan, à gauche, s'ouvre un portique, au cintre en ogive; on y accède par un large escalier de pierre. Par la baie du portique, on aperçoit l'église abbatiale, reliée par des galeries ogivales au cloître décrit plus haut.

La flèche de l'édifice élance vers le ciel bleu ses lignes fines et simples.

Haut., 1 m. 30; larg., 1 m. 05.

Peinture aux colorations fraîches et blondes.

VALLAYER-COSTER

(ANNE)

Paris, 1744-1818.

11 — *Vase de Chine, avec plantes marines et coquillages.*

Sur une table, des coquillages et des plantes marines sont disposées autour d'un vase dont la forme élégante se dessine sur un fond de rideau, en partie relevé par une embrasse à gland de passementerie.

Signé et daté à gauche.

Toile Haut., 1 m. 14; larg., 1 m. 60.

12 — *Minerve environnée de récompenses et attributs militaires.*

Sur un entablement de pierre, au pied d'une colonne et autour d'un buste de Minerve, on a déposé des drapeaux fleurdelisés, un casque à panache de plumes, une cuirasse, un tambour, un bâton de commandement, et une couronne de lauriers à laquelle sont suspendues des croix de Saint-Louis.

Signé et daté à gauche.

Toile. Haut., 1 m. 14; larg., 1 m. 60.

Au Salon de 1777, les deux tableaux de Mme Vallayer-Coster étaient ainsi indiqués :

« L'un représente un vase de porcelaine de Chine, aux plantes marines, coquillages et différentes espèces de minéraux; l'autre, des armures, un buste

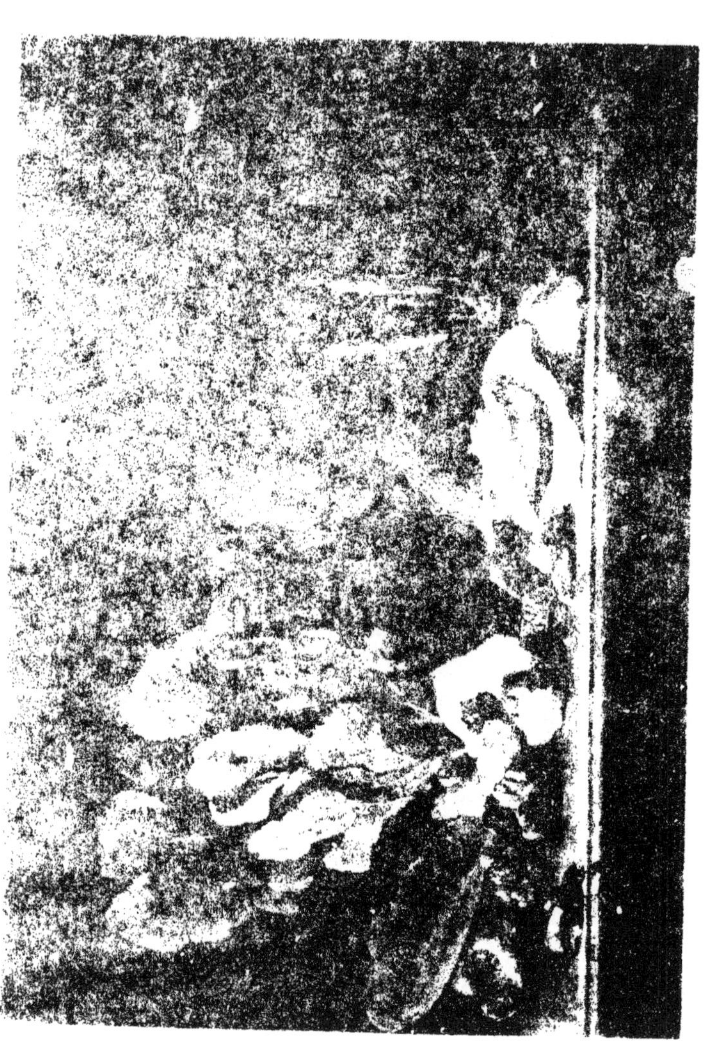

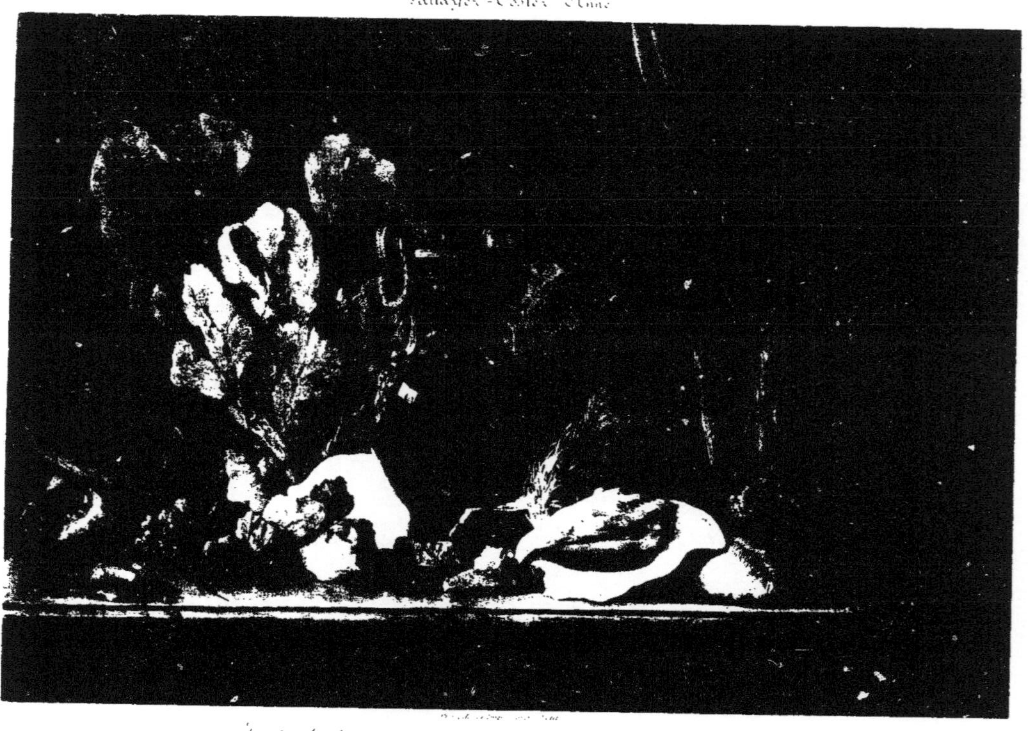

Vallayer-Coster Anne

Vase de Chine avec plantes marines et coquillages

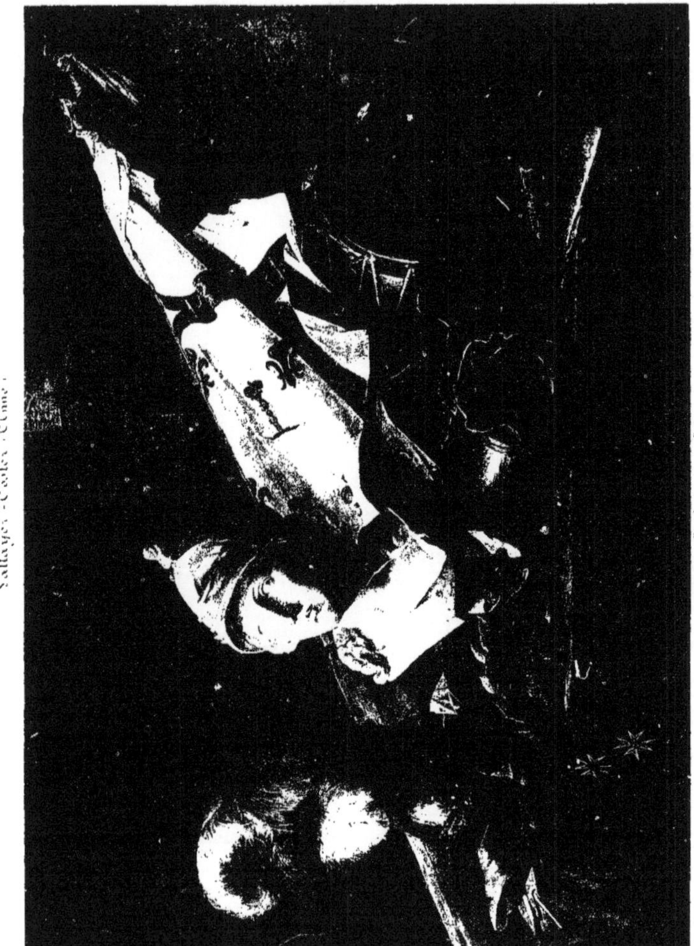

de Minerve environné de récompenses militaires, réunies sous une couronne de lauriers. »

Ces deux œuvres sont particulièrement intéressantes dans l'œuvre de Mme Vallayer-Coster. Elles marquent le point culminant de son art en matière de nature morte et elles sont du temps où l'artiste commençait à se faire un nom [comme peintre de figure. Dans les critiques des Salons de 1777, on s'occupe de Mlle Vallayer comme d'un peintre qu'il n'est pas permis d'ignorer et bientôt on dira d'elle : « Allons voir une femme qui est un habile homme ».

Dans les *Mémoires secrets*, Bachaumont, parlant du Salon de 1777, signale « Mlle Vallayer, dont le pinceau sûr et fidèle s'est soumis tous les objets de la nature inanimée. Mais après ce triomphe, ajoute-t-il, elle court à de plus considérables. »

Autre part, il écrit : « Mlle Vallayer et M. Van Spaendonck, ces deux rivaux pour les fleurs, les fruits, les vases, tous deux vrais, mais la première avec des touches plus précieuses, l'autre avec des touches plus mâles. »

Dans une des lettres sur les Salons de 1773 à 1779, que Du Pont de Nemours écrivit à la margrave Caroline-Louise de Bade, nous lisons :

« Mlle Vallayer réunit les grâces de son sexe à la timidité, qui est souvent une grâce de plus, et à un talent plus grand qu'elle n'ose le croire. Elle ne s'est présentée à l'Académie que comme peignant les choses inanimées, ce qu'on appelle la nature morte, et parmi les vivants je ne lui vois point d'égal en ce genre que M. Van Spaendonck... Mais Mlle Vallayer ne se borne point à ce talent qui est le seul auquel elle ait prétendu. Elle réussit beaucoup mieux dans la figure que M. Jollain, que M. Robin, que M. Guérin. Je ne veux pas Vous nommer tous les artistes médiocres de l'Académie. Elle égale quelquefois les meilleurs... »

Dans les *Lettres pittoresques*, 1777, septième lettre, on lit :

« Non, Monsieur, je n'oublierai point Mlle Vallayer, et c'est si peu mon intention que je commencerai par elle cette lettre. Madame de ... a raison : mon ami, l'auteur du Temple, est tombé dans une omission impardonnable, en n'y parlant d'aucune femme illustre par le talent de la peinture. Aussi dit-il que, s'il refaisoit son ouvrage, il répareroit bien cette faute. Il ne mettroit pas dans un coin les Rosalba, les Chéron et leurs pareilles. Il les placeroit dans le sanctuaire même, entre les grâces et la déesse. Des guirlandes de fleurs y entrelaceroient ce groupe charmant. Il y placeroit aussi leurs statues entourées des amours et des génies, et il y tiendroit un piedestal tout prêt à recevoir un jour Mlle Vallayer.

» Cette aimable artiste a embelli le Sallon de très jolis tableaux...

» D'autres morceaux, où elle a représenté des plantes marines, des coquillages, des armures, etc., ne plaisent pas moins : c'est la même vérité, le même effet. »

Dans une curieuse brochure de 1777, intitulée : *Jugement d'une demoiselle de quatorze ans sur les tableaux de 1777*, on lit :

« Il faut dire un mot en particulier de Mlle Vallayer, dont les ouvrages l'affectèrent singulièrement. Fleurs, histoire naturelle, figures, portrait, tout est traité, par cette Demoiselle d'une manière supérieure. Aglantine parut glorieuse de ce qu'une personne de son sexe se distinguoit d'une manière si flatteuse. »

Enfin, les poètes accordèrent leur lyre en son honneur, et voici une strophe détachée d'une pièce qui lui était dédiée en 1777 :

> Vallayer, rivale d'Apelle,
> Étonne nos Xeuxis nouveaux ;
> Peintre brillant, peintre fidèle,
> Tout vit, tout plait dans ses tableaux.
> Les fleurs que ses doigts font éclore
> Par leur duvet, par leur fraîcheur
> Ont trompé l'œil même de Flore
> Qui se pardonna son erreur.

Vous êtes prié de bien vouloir honorer de votre visite l'Exposition des *TABLEAUX DE PREMIER ORDRE*, par Largillierre, Hubert Robert et Mme Vallayer-Coster, qui aura lieu, Galerie Georges Petit, 8, Rue de Sèze, les Jeudi 3 et Vendredi 4 Juin 1909, de 1 heure 1 2 à 6 heures.

M. HENRI BAUDOIN   M. GEORGES SORTAIS